MIXTURA

ELADIO ORTA

Título: MIXTURA
Autor: ELADIO ORTA

Editorial: WANCEULEN EDITORIAL
Sello Editorial: WANCEULEN POÉTICA

ISBN Papel: 978-84-17964-53-5
ISBN Ebook: 978-84-17964-54-2

DEPÓSITO LEGAL: SE 1511-2019

Impreso en España. 2020

WANCEULEN S.L. C/ Cristo del Desamparo y Abandono, 56 - 41006 Sevilla
Webs: www.wanceuleneditorial.com y www.wanceulen.com
Email: info@wanceuleneditorial.com

celajes pasajeros

celajes / sólo celajes
celajes pasajeros
sólo celajes

que hoy no quiero
patrañas de nubes
ni aguacero

sólo luz y
cantos de pájaros
en el paisaje

poesía y otros celajes

*nota: revisar con urgencia
la dichosa escala de valores
ramón santana*

intuyo que estoy forzando
en demasía el pedal

cuando la llegada poética
me distrae

desemboco en la prosa

lo deseable sería darme un respiro:

leer a orillas de la candela

perderme por las correntias
fangosas de los esteros

mezclarme con los silbidos
mudos de los pájaros

salir lloviznando a pasear

ahondar en las curvas
ciegas de las palabras

recostarme en la hamaca
al arrullo de la nada
…

cosas bellas

pero no
si el verso toma

un descanso
la prosa lo releva y

no me parece
que esté acertando

si gozo en la poesía
por qué sufrir en la prosa

vivir sin grandes agobios y
en todo caso

si acumulas algo
que sean sueños

en verano los abismos
se duermen

habitan las entrañas
del mundo

en otoño los abismos dulces
suben a la superficie

así la poesía

en la espera
debe estar la clave

que el verso pase y
se quede el regusto

a tierra mojada

agentes vagos

el dedo sobre los labios
sus uñas pintadas de negro
francis vaz

los poetas son agentes
infiltrados
que se alimentan
de la vaguedad del silencio

hilvanando tramos de abismos
transparentes
en las azoteas ocultas
de las palabras

el poeta es el traductor
(del otro)
del que le tiembla
(dentro) la saliva

en los límites
anda la clave

de estatuas

caridad y pornografía
juan manuel barrado

la belleza
mal respira
en el halago

florece
a la sombra
de lo que no existe

los demás condimentos
son trapicheos de egos
encandilados

si te enamoras de ti mismo
los escombros del tiempo
te levantarán una estatua

mirarse el ombligo
pero con ojo de pájaro
buscando su rama
en el árbol

de premios

cada jueves asisto religiosamente
a una tertulia literaria
última hora: la tesorera se dio de baja
se ha echado novio
marcos gualda

los premios son naturalezas muertas

alimentaderos de egos

asentar puntales

agua destilada

menudencias

artificiales

son los premios

pájaro

acerco el ojo al ojo
inma luna

de niño quise ser pájaro y
construí unas alas de
silencio para escuchar
el canto interior de
los pájaros

ahora intento indagar
en la poesía

no es una virguería
ni mucho menos una
metáfora

cuando en el colegio
nos preguntaban:

qué queríamos ser
de mayores

los demás niños
respondían
a coro:
marinero /
maestro escuela /

albañil /
conductor de ambulancia /
futbolista /
médico /
...

yo quería ser pájaro

toda la clase reía
a carcajadas y
el maestro preocupado
me explicaba

que pájaro
no era una profesión

de mayor quise ser poeta
¡miren qué coincidencia¡
tampoco es una profesión

de discursos

> *la saliva de la boca de la ciega*
>> mada alderete

hay quienes defienden acaloradamente
que al poeta se le alteran las musas
en la abstinencia sexual

que el recogimiento de la carne
sublima los manantiales
poéticos / desbordando
ríos de palabras

puede ser
no he practicado
la abstinencia sexual
voluntaria

pero las palabras
necesitan aire y
si es posible de poniente
para ventar la parva

cuando la ceguera envuelve el paisaje y
cementa el brocal del poso poético
me contamino de vulgaridad

hubo un tiempo
que me alimentaba de querellas y
de guardar poemas
en las carpetas azules
guardaba citas judiciales

pero decidí escribir
sobre el paisaje contaminado
para descontaminarme

otras veces escribo
para contaminarme y
me descontamino

los zorros se vuelven transparentes
ante el rechinar de los cepos

sangre coagulada
en los parlamentos del hambre

igual la poesía

la cajera no tiene cambio
carmen herrera

su sonrisa estaba ahí
a la espera de la otra
gota de agua

igual la poesía

el campo de amapolas sorprendía
en un claro del retamar

las retamas sorprendían al crecer
en las sandalias del asfalto

la luna sorprendía dormida
en el vientre del islote de fango

el fango sorprendía tatuado
en las patas de las garzas

igual la poesía

anda en el lenguaje de la saliva

anda en el trajín del devaneo
al desvestirte

anda en el canto del grillo
en febrero

igual la poesía

no tiene piernas y
anda

no tiene alas y
vuela

no tiene sed y
bebe

no tiene ventanas y
respira

no tiene ojos y
contempla

¡ay, el lenguaje de la saliva¡
¡qué misterio!

igual la poesía

cosas de poetas

—la noche esplendorosa de ayamonte—

abel feu

de qué se quejan los poetas
si cuando los sacan a pasear
por la luz de otros países
los tratan como insignes artistas:
duermen la siesta en la suite
de hoteles de alto lujo
cenan en la mesa de directores generales
diplomáticos / consejeros / cónsules y
embajadores

y
hasta les ofrecen la trascendental oportunidad
de analizar la antropológica diversión
de contemplar a las estrellas bañándose
desnudas en los escalones
de las filigranas vanguardistas

pero lo importante es saber
que después de tanto derroche
ansías volver a toda prisa
a tu hueco en el aislado
retamar

tambores

se llama alba
pero no anuncia
la salida del sol
david gonzález

el zumbido de los tambores
impresiona

emiten mensajes
extraños

el aire de los tambores
alerta del despertar
de lo dormido

los tambores...
pero esos tambores asustan
pasean al crucificado
por la calle de la amargura y
lo vitorean

a mi me gusta el sonido inocente
de los tambores de los niños
en las fiestas de los pueblos

el lenguaje de la saliva

no soy cartografiable
nadie cabe en un mapa
daniel bellón

el lenguaje de la saliva
habla en lo oculto

cuando el silencio destrona
a la calma y

las lenguas se rozan
en arrullos invisibles

las palabras no son mías
brotan de la nada

el lenguaje de la saliva
qué misterio

la saliva no siempre
es curativa

hay un espacio
en blanco
al que los bolígrafos
le tienen respeto

los espacios en blanco son peligrosos
(que se lo pregunten a los torturados
por no rozar la rúbrica los límites
de la última línea de las diligencias
previas en el cuartelillo)

el poeta vive en el último vagón
de la estación de la saliva

es retrospectivo y
prospectivo:
escribe de ayer
para que lo lean
mañana

de qué clase de poeta hablas
pregunta el traductor

la nada es dios

la poesía saliva de pájaros

anotaciones

> *vareando en la era la lana de los colchones /*
> *mi madre*
> fermín herrero

me río tiernamente
de lo que escribía ayer

mañana me reiré tiernamente
de lo que escribo hoy

de lo que escriba mañana
otros se reirán

molino artesanal
de viento la poesía

malo es
si el verso deja de ser

aspa de molino
venteando el aprendizaje

puertas abiertas

el hombre salta el muro
y corre
alberto garcía teresa

tiene dos puertas
este poema

si entras sin llamar
corres el riesgo
de que se cierre
la puerta abierta y
se abra la cerrada

pero a veces se cierran
las dos puertas al unísono

si este último caso ocurriera
el verso se quedaría encerrado
dentro de la corteza del poema

hay versos que despiertan
en lo oscuro y
abren los ojos a la extrañeza

la paciencia es el alma de la estrategia

hace tiempo que no doy
por vivida la revolución

pero escribo
para cuando llegue

romper el verso en mil pedazos
para ver la ternura de las palabras

(si me quedo sin aliento
que sea por correr riesgos)

algo encontrarás que te sorprenda
al rebuscar en la nada

que cada poeta se acerque a su voz
a su zureo musical al despertar

(si me falta el aire
me das un pellizco y
me espabilas)

libertad / libertad
que siempre acompañe
en tiempos de calma

en los tiempos agitados
que nos muestre su saber

poetas que ejercen de poetas

con los ojos interiores alertas
josé viñal

los poetas que ejercen
de poetas
levitan endiosados
en sus tronitos
de cartón

simples muñecos
mediocres pedantes
a mí me parecen

los oficios oficializan

el verso forzado
pierde magia

el verso encajado
comprimido
estreñido

huele a libertad
condicional

la clandestinidad de la saliva

en la vieja sílaba
respira la orfandad del mundo
manuel rico

pocos versos con luces
se escriben de oficio

el verso se mueve
en la clandestinidad

de la saliva

primero pasaron celajes
después pasaron celajes y

más tarde vinieron nubes

celajes / sólo celajes
celajes pasajeros

tiemblo cuando diviso
nubes a poniente

quien no tiembla

no duda ni concibe
el sudor frío

ante las puertas
del desierto

en la extrañeza de la piedra
se refugia la poesía

ojitos abiertos
ante la oficialización

versos dísticos

> *yo denuncio a toda la gente*
> *que ignora la otra mitad*
> federico garcía lorca

adentrarse en lo hondo del sufrimiento
para indagar en lo otro

no conformarse con una sola visión
beber en el manantial del verso dístico

lo aconsejable es tener abiertos los ojos
a la espera de lo desconocido

la nada
es saliva

finos los oídos:

desde la ventana de la habitación
escucho los escarceos de las pateras en la costa

pero también escucho la sinfonía heurística
de las ranas en el navazo

el perro olfateador es invitado
a una degustación de versos

en un plato exponen las tripas ensartadas
de un poema degollado

en otro plato
un campo de nardos olorosos

(los perros olfateadores del nihilismo
tienen fácil la elección)

el lenguaje es un pincel trazando
versos inclinados en la piel

despertando manantiales ocultos
en los campos amorosos
que permanecían dormidos

una mancha experimental
en el cuaderno

el mundo de las azoteas es el mundo
de los gorriones y

de las palomas mensajeras y

de los cuartillos y

de las chatarras y

de los interminables besos y

de las antenas y

de los sueños...

el mundo de las azoteas
al atardecer

duerme a la noche
en hamacas flotantes

a los pies del río anadiagua

la flor de la tagarnina

pie a tierra
felipe zapico

árbol dístico:

unas pernales del árbol eran perchas
secas para las urracas y

de las otras colgaban higos negros
rasgados por la humedad

la raíz de la tagarnina profundiza la arena
hasta acariciar los abismos dulces

(lo invisible empuja a lo visible)

la flor de la tagarnina
amarillea las azoteas de los campos y

cuando la sequedad visita
el descampado / las semillas

se convierten en alimento
para los pájaros

ya es otoño y
el viento arrastra los espinos

a los bordes de los esteros y
a los espacios baldíos

en lo oculto se aletarga la raíz
para despertar con la lluvia

planta dística la tagarnina

poema sin puerta

> *la luz entra por la ventana*
> *la hora de los pájaros se acerca*
> isabel bono

el poema sin puertas
renace en el intento

estar en continuo
aprendizaje

el aire huele
a polen de retamas y
a salmuera

sin puertas y
sin ventanas

abierto el poema
al sofoco
lento
del desierto

no amenazar con irse y
abandonar la palabra
ante la desidia
de los intocables

sino quedarse
resistente y
mirando de frente
las cicatrices abiertas
de la belleza

en el poema
sin puertas y
sin ventanas
habita la resaca
de todos los vientos

tantas veces he soñado
que despertaba
en tu cercanía

alimentándonos
de bocanadas de saliva
¡ay, poesía¡

celajes pasajeros

celajes / sólo celajes
celajes pasajeros
sólo celajes

que hoy no quiero
turbias las nubes
ni viento traicionero

sólo claridad y
cantos de ranas
en lo oculto del retamar

n

nubarrones a poniente

el poeta declina
empieza a olerse los pies
ferrán fernández

hoy me cuesta
un esfuerzo la risa y
el silencio dos tormentas

fotografías sin rostros
nublan los atardeceres
sin poesía / teñidos
de ansia hasta
el desmayo

un arenal poblado de huellas
de pájaros / sincroniza
la vida

despierta el viento y
borra la saliva
de la memoria

otras huellas
sostendrán el arenal

nubes

son lilos
nacen de no se sabe dónde
maría ángeles maeso

majestuosamente paradas
alertas están las nubes
como gacelas en la sabana

el viento las mece
vuelo silente de pájaros
en las cornisas de noviembre

otro viento las retiene
estarán deliberando
qué camino les conviene

no estoy para nadie

de boca a boca
y muerdo
antonio g. villarán

no estoy esta tarde
para bañarme
en agua de
lirios y
estrellas

estoy más bien
apagado
anestésico
decaído

contando infundados
nidos de telarañas
en el cielo
del techo

pido más bien
estar solo

no en soledad
sino solo

no me aguanto
ni yo mismo

no estoy para nadie

tengo un aburrimiento
interior que me hace
saltar el resorte
de lo canalla y
borde que
a veces
somos

si lloviera encendería
el fuego para que
ardieran las
nubes

vendaval

> *sólo nos queda recortar /*
> *pegar e ir atando cabos*
> bernardo santos

la gota persistente que cala el charco y
desbarata la risa de los pájaros y
persiste hasta dibujar olas
de espejismos en los ojos
del que mira y
persiste

el viento ciega la tarde y
silban los celajes
en el umbral
de la oscuridad

escucho el ritmo mudo
de los pájaros desabrigados y
el ladrar de los perros
abandonados

los sonidos del mar
fragmentan la calma
se inquietan los pájaros
cuando el mar brama

por un instante:
los pájaros de tierra y
los de agua
se abrazan en el desamparo
de la huida

a qué temen los pájaros

no os habéis fijado en los monstruos
que llevan las nubes dentro
de la tormenta

cuando se acercan / se disfrazan
con trajes de almas de payasos

pero cuando se alejan
se arrancan las vestiduras y
enseñan su terrible ferocidad

monstruos voladores
decíamos de niños

de árboles

la poesía contemporánea
es una lucha por respirar
josu montero

poema en tránsito hacia la tragedia amorosa
de un árbol inclinado por las indómitas
rachas de viento

faltan árboles para que los hombres
puedan transformarse
en pájaros

una revolución sin árboles
no tiene ojos
ni pájaros
ni oídos
ni olfato
ni plumas
ni poesía
…

veo árboles dormidos en el hielo
soñando con el deshielo

veo pájaros desconcertados en el vuelo
por tanta ceguera negra

veo árboles sin plumas

veo pájaros sin hojas

llueve y
brotan las encinas después del incendio

veo sombras andantes dibujando
caricaturas de calles con árboles

veo sogas preparadas
para versos descarriados

siento el aliento baboso de la lengua
morada en el cuaderno

hay quienes gozan contemplando
la delicadeza artística

de la sobrecogedora escena:
tendedero de poemas ahorcados

veo fuentes en el desierto y
tormentas de arena en la nieve

veo abanicos lamiendo avenidas
sin respiración a lo abierto

ciudades claustrofóbicas sin resquicio
de árboles en sus poemas

veo señales en los brotes de las conciencias

a veces me quedo
con los versos imprevisibles

los que aislados en su distracción
se escapan del poema
para desentonar
lo entonado

escribir
a la intemperie de la saliva

el tiempo de los versos

> *poema para llegar un poco antes*
> *a lo que te sucede*
> jesús aguado

el tiempo de los versos tiene alas frenadoras

el parto poético es un aliento a la serenidad

brota de lo oscuro cuando menos lo esperas y
cuando esperas su llegada
se retrasa el brote

si el esfuerzo empuja al verso
mal palo le den al poeta

que los versos vengan andando desde
constantinopla

que se confundan de camino y se dirijan a benarés

que se distraigan en las aguas que abrazan a la isla
de creta

que paseen por las azoteas de venecia

que retornen volando a las pirámides de egipto

que cenen ocultos en bagdad

que se despeinen en la cordillera volcánica de los
andes

que crucen en patera el estrecho de gibraltar

que se pierdan por las calles empinadas de lisboa

que en los humedales de doñana se mezclen con
una bandada
de gansos venidos de la península escandinava

que cuando se arrimen a isla canela / ellos solos
se posen en el cuaderno

celajes pasajeros

celajes / sólo celajes
celajes pasajeros
sólo celajes

que hoy no quiero
que los celajes
se vuelvan nubarrones

ni que los gorriones
se despeinen el plumaje
en el silbo de los espejos

escribo de: en lo que estoy

escribo arrojando ceniza
alrededor del árbol

antonio rigo

escribo de: en lo que estoy

si ando alerta ante los sonidos:
escribo silbidos de pájaros o
croar de ranas o
cri cri cri de grillos o
palilleo de cigüeñas o
…

escribir de: en lo que no estoy
sería un engaño

escribo de: en lo que estoy

si ando con los ojos detrás
de la contemplación andante
de los cangrejos violinistas

no me pidan
que escriba poemas
sobre el estrés sideral
de los consumidores consumidos

escribo de: en lo que estoy

si ando con las antenas
puestas al olfateo
de los atropellos de los intocables

que nadie me pida que escriba
un prólogo o
un poema de encargo

(en prólogo no estoy)

veo señales / me adentro en ellas

señales en la niebla

> *al alcanzar metro noventa*
> *cambié de estrategia*
> sergi puertas

veo señales en la niebla y
me adentro buscando los hilos
sueltos de la ternura

dentro / las agujas del tiempo se paran y
los pájaros se quedan agazapados
a orillas del recogimiento

veo sombras de ojos viajando
a través de las lágrimas
de las nubes

veo las cenizas de mi padre esparcidas
por la arena de los zapatos de sus hijos y
nietos

veo mi sombra extraviada
sin rumbo en la transparencia
densa de la niebla

me quedo con los versos
que salen sin querer y
te viene a la boca
un gustillo
a masticaduras
de retamas
verdes

ahí
se multiplican
los ojos de los relámpagos
al resplandor de la búsqueda

misterio

no hubo un minuto para las despedidas
ángel petisme

que lo oscuro
se vuelva
claro y

el
misterio
claree

que lo claro
se vuelva
oscuro y

el
misterio
oscuree

a ciegas

> *pienso en lo que voy a escribir*
> juan antonio mora

a veces pienso
en los procesos
revolucionarios e
intento transformar
el poema

no me sale

pero imagínense
que un día me sale y
estoy acompañando
a la revolución
sin saberlo

allí estaré
(gozando naturalmente)
no lo dudéis

oculto entre la multitud
a la espera de la venida
del poema ecocrítico

lo que entonces
escribiré
no lo sé

ahora escribo sobre las
medusas carnívoras
que atacan a la
ficticia
clase
media en las
estreñidas playas
de la península ibérica

escribir desde el hueco
rítmico del instinto

a ciegas

paredes

> *pero yo / que busqué islas*
> manuel moya

¿los versos tienen paredes o
las palabras les ponen
paredes al poema?

¿las paredes tienen palabras o
los poemas tienen versos
que incomunican
a las paredes?

¿el verso tiene paredes
que delimita al otro verso o
el poema tiene versos
que son paredes
de palabras?

¿la palabra es una pared
que comunica
a los versos?

¿las paredes transparentes
tienen versos dentro?

las paredes de la casa de mi padre
están hechas con adobes

vi un verso anónimo o
un poema de un verso
en una pared y
me detuve a respirar

hay paredes de aire y
paredes que abren ventanas y
también hay paredes en los campos de lirios y
en las habitaciones de la resistencia

las estrellas se abrazan al fango en la bajamar

los muros sí que hacen polvo al poema

los muros desmoronan los
pétalos de los versos

los muros (a-isla-n) los
olores desconocidos

los muros más peligrosos
permanecen invisibles

extranjeros son los versos del otro
(del que me acompaña) y
a veces traduzco

pero hay versos intraducibles
como si desconocieran
el lenguaje del que escribe

dos cantos necesarios

en este poema caben / dos mundos
josé luís rúa

canta el pájaro en las ramas del aire o
en la copa vigilante del pinar

canta el pájaro entre las alambres de la jaula o
atrapado en el cuenco del redil

uno canta desde la libertad y
el otro se desvive por la libertad

escribir desde la hamaca del silencio
escribir desde el sombrajo de la ira

no hay dos poemas que se parezcan /
pero hay un silbo suelto que los acerca

toda poesía es antagónica a la patada al sol
toda poesía es sinónima de ternura

aunque a veces haya que indagar
en las perforaciones de la ira

las palabras no son de nadie
sólo tenemos el usufructo de la saliva

el burro, la noria y el agua

> *el sinfín de mi calle era intensa mixtura*
>
> desiderio c. morga

el poeta es el burro
el poema la noria
el verso el agua

da vueltas el poeta alrededor del poema
pero el verso no quiere ser agua

el poema afanoso alienta al poeta
a que el verso se transforme en agua

el verso ¡por fin¡ es agua / el poema chirría y
el poeta anda sobre sus pasos

la noria ralentiza el agua

ralentizar:

despertar el afán
de acariciar el mundo

retama se escribe con h

> *yo también soy uno*
> *que nació en el 57*
> luis felipe comendador

alguien que desconozco vendrá un día
a visitarme / me dirá: retama
se escribe con h

las sorpresas igual que la poesía
brotan cuando y
donde menos lo esperas

si esperas la venida del verso
ralentiza el vuelo

a veces cuando viene la ternura
tengo una levísima tentación
parecerme a *mercedes es un sol*
(escribe áfrica)

aguantaré de pie los temblores de la poesía
aguantaré sin quejas la venida de la duda

el rezumar del cántaro
es invisiblemente solitario
generosamente solidario

la luna:
media tajada de sandía eclipsada en la alcoba

las plumas de los flamencos negrean
las de las garcetas azulean
las de los tordos blanquean
las de los luganos oscurean

la luna creció tanto que ardió el rastrojo

dónde se resguardan los pájaros
cuando el temporal de viento y
lluvia arrecia

dime

era el mismo pájaro

zócalo que a la noche deja a la noche oscura
jesús urceloy

cantó un pájaro

abrí la ventana para escucharle
se percató y
voló

al día siguiente volvió
a cantar

abrí la ventana
se percató y
siguió cantando

era el mismo pájaro

la música de la sal cura las picaduras de las rosas

vino el pájaro a enraizar al poeta
vino la grama a airear al pájaro
vino el poeta a enredar a la grama
vino el obispo a obispar a las avispas

hay versos que espigan desconocimientos

mixtura

> *el progenitor del artista es un mensajero*
> *que trae recado de la oscuridad*
> juan carlos mestre

un camaleónico burro verde
bebe a la sombra de un charco
azul / en un amanecer bellísimamente
rojo / donde los espejos blanquecinos del
día / se aletargan ante la llegada de los tonos
oscuros de la tarde / víspera precipitada del negro

el negro intenso de la madrugada
se desparrama sobre el lienzo violeta
del amanecer y / la mezcla de distintos
colores transforma el poema / en un nido
de burritos blancos con manchas arco iris

celajes pasajeros

celajes / sólo celajes
celajes pasajeros
sólo celajes

que hoy no quiero
aguafiestas
ni melindreros

sólo levedad y
un poquito
de cordura alrededor

ausencia

pero yo estuve en otras cárceles
isabel pérez montalbán

en el poema total
las puertas abiertas
a lo desértico
están cerradas

en el poema vacío tácito
el desierto está dentro
del poema

la poesía es inactual o
no es poesía ¿ ?

es un cuento de hadas
ensangrentado

revolución es muy pequeña
es como dijéramos:
la autogestión
está en pañales

nada serio por ahora
leves ramalazos de aforismos
lavándose los pies en palanganas
invisibles de ternura

(nunca fui a la moda
siempre bailé a destiempo
soy flor de almendro
que se adelanta a su tiempo y
la escarcha la hiela
a punto de florecer)

cuídate de las páginas en blanco
cuida a las páginas en blanco

un verso que aliente al poema y
le abra caminos intransitables
al poeta ciego

a palo seco

me pregunto qué escribirá /
con qué esperanza
rakel rodríguez

la palabra
se humedece
en lo oscuro

de un cántaro desierto

como arena volandera
empujada al vacío
desnudo de la saliva

de los pájaros
sólo tenemos
el usufructo
de su cante

escribo
con la mano
que te abrazo

saliva en la palabra

otoño

*lo diré más claro / es el estigma de mi vida /
mi vergüenza / al escribir lo olvido:
tengo treinta y cinco años / y llevo veinte
sin llorar*
vicente luis mora

el lenguaje del otoño
me trastorna y
a la vez me seduce

mariposa posada
al borde del abismo

relacionar al otoño con la tristeza
me encoge de hombros

no entiendo cómo se puede estar triste
cuando las hojas de los árboles
imitan a los pájaros

no entiendo cómo se puede estar triste
cuando la lluvia endulza
la arena fermentándola

no entiendo cómo se puede estar triste
cuando las hojas de las hierbas
verdean en las besanas de los sueños

no entiendo cómo se puede estar triste
cuando maduran las granadas y
cuelgan nidos erizados
de los castaños

no entiendo cómo se puede estar triste
cuando los membrilleros anuncian
la presencia de la maduración
del sol

no entiendo cómo se puede estar triste
cuando las mañanas se inundan
de cantos de pájaros sobrevolando
las marismas de san fernando
para cruzar el charco

no entiendo cómo se puede estar triste
cuando el vientre de la tierra
predice algo nuevo

el otoño es transformador

el pájaro mudo

hoy priman los eslóganes
del triunfo
antonio de padua

el pájaro mudo
al quedarse atrapado
entre los alambres de la jaula
se volvió más mudo

estudió varias
posibilidades y
ninguna de ellas
le convenció

si rompía el cante
viviría eternamente
rompiendo el cante
dentro de la jaula y

tendría la admiración
del carcelero y
de sus acólitos
aguafiestas

si se volvía más mudo
tenía dos posibilidades:

que el carcelero le aplastara
los sesos en un arranque
de amor impropio o
que le abriera la puerta
de la jaula por compasión

aún tenía otra posibilidad:
que en la época del paso
lo reciclaran de jarilla

entre todas las no posibilidades
eligió seguir siendo pájaro mudo

espectáculo

> *sucede que hablamos más*
> *de las camareras*
> *que con las camareras*
> david eloy rodríguez

para dar espectáculo
está el actor o

el cómico

pero al poeta
en estos tiempos

ambiguos

también se le exige
que dé espectáculo

al poeta hay que pedirle
que intente escribir

con el polen de la flor
de la intuición

pero espectáculo

la poesía tan tímida y
humilde

tan perenne y
alerta

tan antagónica al ruido

¡por favor!

¿desde cuándo la poesía
es un espectáculo?

luz

lo no visible es lo que está a la vista
donde falta luz / la noche en las palabras
va a su encuentro

antonio méndez rubio

la luz de verano me calma
como luna posada en los esteros
huellas de pájaros en el fango

la luz de otoño me enraíza
como huella de pájaros en el fango
fogata al atardecer

la luz de invierno me enciende
como fogata al atardecer
volando cometas en la costa

la luz de primavera me airea
como cometas volando en la costa
a los pies de la luz de verano

ruiseñor

> *desierto /*
> *el viento ha dibujado su música*
> *de arena*
>
> francisco cumpián

no he escuchado cantar al ruiseñor

no debe tener rival en el canto
según los halagos que escucho
de su cante

el día que lo escuche cantar

haré como si no lo estuviese
escuchando cantar

para seguir imaginándome
su cante

aquí en la desembocadura
del río anadiagua / cantan
otros ruiseñores

sillón

> *el que vuela*
> *se da cuenta*
> *que el cielo*
> *está por encima de él*
> pablo bouzada

a la hora del almuerzo o
la cena / había en las casas
campesinas un sillón visible
que simbolizaba el poder

no hace falta decir / quién
descansaba las asentaderas en él

las madres no gastaban salivas innecesarias y
para qué iban a querer un sillón
cuando el tiempo lo repartían
entre cazos / cazuelas y
escobas

pero todos sabíamos
que el sillón simbolizaba
la comedia nacional

voz

> *se están rompiendo todas las*
> *cuerdas del violín*
> miguel ángel garcía argüez

las distintas voces
se mantienen
alerta
(dentro)
de mi voz

mi voz
se mantiene
alerta
(dentro)
de las distintas voces

estado de gusto

> *a mí me gustan las personas curvas y*
> *huyo / es la peste / de las personas rectas*
>
> jesús lizano

estar en estado de gusto
soledad viva / clandestina

silente entre el ruido
despierto ante la duda

buceador de abismos
rastreador de claves ocultas

amante de garzas y
retamas

carente de oficio
conocido

desertor de halagos
acercar lo extraño

estar en estado de gusto
soledad viva / clandestina

rozar la belleza del amanecer
en la piel excitada de la amada

vuelos de mariposas trae la espera
esperando el sueño que ha de despertar

despierto en el sueño y
pasan pájaros

extrañas luces voladoras
que desembocan

en arenales desérticos y
móviles

huellas de otros sueños
en mi boca

estar en estado de gusto
soledad viva / clandestina

escucho silbidos ausentes de nubes
con versos escritos en sus plumas

veo campos poblados de poemas
besanas ardiendo en las dunas

llueve casi sin llover y
me detengo

a escuchar el canto
de los pájaros mudos

en el abismo sonoro
de las cuerdas del viento

estar en estado de gusto
soledad viva / clandestina

me siento que estoy y
respiro

tú también estás y
me arrullas

entrelazados los árboles
en el bosque

deslían nudos
en los ojos de las fuentes

ni despierto ni dormido

se agita como gacela acosada
por volutas de luz
santiago aguaded

estar ni despierto ni dormido
estar en estado de gusto

tocando estrellas en tu piel

llamas de fuego para dormirme
canto de pájaros para despertarme

el misterio de la saliva
ahondando en los reflejos

ausentes de la luz

estar en estado de gusto
estar ni despierto ni dormido

enlazados nuestros cuerpos
en un nido de sábanas

estar sin estar a la espera
de que se encienda la candela

el callo de los haraganes

> *un poeta / seguramente andaluz /*
> *me pregunta si es verdad*
> *que en asturias siempre llueve*
>
> nel amaro

vivir en el camino de los haraganes y
desarrollar el callo de los haraganes
es algo más que una coincidencia

el susodicho callo / cuesta desarrollarlo
pero cuando lo ves crecer pegado
a la parte izquierda de tu mano
derecha de la muñeca y
lo riegas con tinta cada día

lo sientes tuyo y
hasta presumes de él
en las reuniones de callistas

porque callos en las manos los tiene
cualquier trabajador que se precie

pero ¡por favor! / el callo
de los haraganes sólo
lo desarrolla quien
se lo poetiza

reflexiones

> *porque alimentarse de mitos*
> *es siempre parte de la propia derrota*
> balbina prior

el poema desahogo
es una manera

de masticar
el sabor amargo

de las páginas en blanco y
está instalado

en la antesala
de la serenidad

de qué escribe el poeta
que no mastica

los alambres oxidados
del sufrimiento

la sombra de la duda
te incita a desentrañarte

no te des importancia
todo lo tiene

contemplar el vuelo de las garzas

huele / sin embargo a
jazmín y azúcar
maría carvajal

que el ritmo
descanse solapado

en el interior
del verso o

guardar el ritmo
a ser posible

en el interior
del que escribe

(del otro)
del que desconoces y

a veces compartes
señales contradictorias

que no nos confundan
con aviones supersónicos

ni con atletas de cien
metros lisos

un ritmo que acaricie el aire
como el vuelo de las garzas o

que resulte extraño
como el ulular del búho

sobrevolando los riscos
en la noche del río

pararse a contemplar
el vuelo de las garzas

es como beber agua
en la fuente oculta

de la última curva
del olvido

prisa por llegar
sólo tienen los espabilados

ninguno

el poeta toca una flor y la convierte en flor
ángel crespo

el dos es el número del abrazo encuentro
dos agua (dulce / salada) salobre
(luz / sombra) claroscuro
un beso (dos labios)
abierto a lo inesperado

el uno busca al dos y
el dos espera al uno

saborear el borrajo del fuego
antes de irse a la cama

si me tocas / te toco y

veo cigüeñas taconeando el aire

veo mariposas de fango en las salinas de isla
cristina

veo rabos de aviones colgados del cielo

veo estrellas relucientes dormidas en espejos de
salmuera

veo árboles donde antes había escombros

si me tocas / te toco y

veo saliva que se detiene y
más tarde se disloca

por las comisuras abiertas en la piel
correntía de agua en tu boca

dos flores se tocan y
retocan

por los caminos de arena
de la almadraba de la punta afuera

el dos vino a buscar al uno y
se fueron envueltos

en abrazos sin rumbo
por los caños de la playa de las gordas

si te toco / me tocas y

dormimos la siesta
en hamacas de sueños

el uno busca al dos y
el dos espera al uno

son cosas del juego
acercamientos al ninguno

el cero

me he escondido debajo de las piedras
miriam reyes

quién escribe desde el ojo solitario del desierto

a quién le tiembla el reloj de arena en la muñeca

quién se protege con un pañuelo transparente
de los rayos del sol

el cero no tiene puertas

todos los ojos están abiertos
al manantial invisible de lo desierto

el cero es el comienzo y
el final de la nada / y

no veo hormigas

ni granadas perforadas por la luz

ni a mi madre con un cántaro
de serenidad al costado

ni intuyo el rastro dejado por los pájaros
en las noches de neblina cerrada

sólo silencio después de la saliva

intención

> *las dunas y la nada tienen*
> *algo misterioso y elegante*
> daniel macías

pájaro en el desierto y
reescribir el silencio
del vuelo de la ternura

en el ojo ciego del pájaro

escribo para nadie y
pongo por testigo
a las tormentas

de arena en el desierto

la garza y el jarrón

*llueve /
tengo que recoger
la ropa tendida*
diego mesa

una garza disecada / posada
en la repisa de un bello salón
de una elegante casa parisina
le pregunta al jarrón oriental
que le acompaña en estado
de adorno permanente

¿tendremos que aguantar
los sofocos de la calefacción
durante mucho tiempo?

el jarrón oriental es sordo y
está preocupado
por las manos de los niños
que juegan a trocear
las posesiones de sus padres

la garza de un leve vuelo
abandona su trono disecado y
se posa en los brazos del jarrón oriental
quedándose petrificada en el barro

mi bicicleta

> *profundos esteros lentos*
> *lenta marisma lenta*
> maría gómez

mi bicicleta tenía pedales orbea
sillín bh incorporado
piñón misterio de la santísima energía
rueda delantera made in fernando el chatarrero
llanta potente rabasa
cuadro a prueba del juanillo el colorao
torrot trotamundos en transformación
frenos sigma / rayando el vuelo
de los batacazos con manchas salitrosas
en el muro de la moharra

mi bicicleta de ruedas tenía alas y
un mecánico a su disposición
las veinticuatro horas del día
a mi hermano gume no se le resistían
ni las mohosas cadenas de la rejuvenecida y
santa inquisición

mi bicicleta saltaba caballitos azules
mantenía a raya al bento y
al bolita / al pudren y
al otro gume / pero veloz y

equilibrista la bicicleta
del tanguito chico

en el arenal se transformaba
en bicicleta caballo de patas flautistas y
en el fango seco del verano
en bicicleta alas superacuática
tenía poderes la jodida bicicleta
del tanguito chico / alma gemela
del camaleónico inspector gachet

mi bicicleta era completa
orbea / bh / rabasa / sigma / torrot /
driblaba los montículos de vinagretas y
tenía un alto complot secreto
con la asociación antibatacazos y
la corporación médica andaluza
de arañazos pendientes

mi bicicleta tenía dos piernas giratorias y
un sillín de espuma de corcho / regalo
del legendario e irrepetible ciclista
de las retamas / tío paco el cano
cortando el viento a pedales
por los caminos de fango
de las parcelas nuevas

a pedales

reparo en que la hoja no es una entidad separada
sino que depende del árbol que a su vez
depende del agua y de la luz...
idoia ikardo

a pedales el mundo
si se moviera a pedales

el mundo sería una bicicleta
moviéndose a pedales

a pedales la belleza
si se moviera a pedales

la belleza sería una bicicleta
moviéndose a pedales

celajes pasajeros

celajes / sólo celajes
celajes pasajeros
sólo celajes

que hoy no quiero
triste tu cara
ni témpanos en el cielo

sólo tu sonrisa
abierta al deseo
desnuda a la ternura

eladio orta / isla canela - ayamonte / (huelva) 1957

libros de poesía publicados:

encuentro en h (1994) / en tránsito (1995)
resistencia por estética (1998) / berenjenas pa los
pavos (2003) / + de poemas tontos (2003) / sincronía del
solejero (2004) / antisonetos (2007) / vacío tácito (2007)
traductor del médium (2009) / tierrafirmista (2010)
cangrejo violinista (2012) / ridiculum vitae (2014)
ahínco (2015) / de garzas y otros pájaros (2015)
45 poemas tontos y 8 latigazos (2016) / soy de
derechas (2017) / título en la portada (2019)
escarabajo pelotero (2019)

libros de prosa publicados:

los cuadernos del tío prudencio (1992) / leche de camello
(1999)
la isla de las retamas (2013) / los ojos de los fornecos
(2017)
el camino de la raya (2018) / sobras (2018)